INVENTAIRE
V42869

AF455580

V

DE

LA BOURSE

Traité pratique et élémentaire

DES

OPÉRATIONS DE BOURSE

EXPLIQUANT

LE MÉCANISME DES ÉCHELLES DE PRIMES

Et donnant le moyen, tout en opérant avec la plus grande sécurité

D'AUGMENTER CONSIDÉRABLEMENT SES REVENUS

PAR

P. JOURNOUD

Prix : 2 francs 50 cent.

PARIS
EN VENTE CHEZ L'AUTEUR
12, rue d'Orsel

LA CLÉ
DE
LA BOURSE

Traité pratique et élémentaire
DES
OPÉRATIONS DE BOURSE

EXPLIQUANT

LE MÉCANISME DES ÉCHELLES DE PRIMES

Et donnant le moyen, tout en opérant avec la plus grande sécurité

D'AUGMENTER CONSIDÉRABLEMENT SES REVENUS

PAR

P. JOURNOUD

20 800

PARIS
EN VENTE CHEZ L'AUTEUR
12, rue d'Orsel.

42869

PRÉFACE

Tous les ouvrages qui ont été écrits sur la Bourse, tous ceux du moins que nous avons parcourus, traitent les questions théoriques ou législatives qui s'y rattachent. Les uns s'occupent à peu près exclusivement des lois sur la matière, d'autres contiennent une foule de choses fort utiles, mais qui ne peuvent être bien comprises que par les personnes déjà au courant des affaires de Bourse. Nous ne connaissons encore aucun livre qui ait été composé spécialement en vue de ceux qui veulent se lancer dans la carrière des spéculations, et qui ne possèdent aucune des notions préliminaires indispensables. Notre petit travail a pour but de combler cette lacune.

Nous avons donc cherché à faire un ouvrage pratique qui soit aisément compris par ceux-là même qui ne connaissent ni la Bourse ni ses termes techniques. Pour éviter des longueurs fastidieuses, nous avons laissé de côté tout ce qui n'est pas absolument nécessaire à notre but, convaincus que, lorsque le lecteur se sera mis au courant du mécanisme des opérations, sa propre expérience suppléera à tout ce que nous aurions pu ajouter. Nous nous sommes appliqué avant tout à être très clair, et pour plus de sûreté nous avons fait abandon de toute recherche de style, ne craignant pas d'employer des répétitions de mots que l'exiguïté du vocabulaire de la Bourse rend souvent nécessaires. Nous espérons fermement avoir réussi à rendre par cet opuscule les affaires de Bourse accessibles à toutes les intelligences.

I

Introduction.

Depuis la création du Grand-Livre et l'application de l'anonymat à la fondation des sociétés commerciales et industrielles, la plus grande partie de la fortune publique et de l'épargne est placée dans les fonds d'Etat et dans les actions ou obligations des différentes sociétés. Le marché sur lequel se rencontrent les acheteurs et vendeurs de titres de toute espèce et qui se nomme la Bourse, répond donc incontestablement à une nécessité de premier ordre et joue un rôle considérable dans le développement économique de chaque nation. En dépit de cette vérité éclatante, il n'est pas de malédictions dont les soi-disant moralistes ou les vaudevillistes en quête d'un dénoûment n'aient accablé la Bourse.

A une certaine époque, toute déconfiture de négociant, tout suicide de viveur ruiné, toute fugue de caissier infidèle, étaient invariablement portés au compte de spéculations malheureuses. Mais, malgré toutes les déclamations plus ou moins mélodramatiques, les affaires de Bourse ont pris de jour en jour une extension plus considérable, et aujourd'hui l'on peut hardiment dire que la Bourse est l'artère où bat le pouls de chaque pays. Un incident politique heureux ou malheureux, une lutte électorale vivement disputée, une bonne ou une mauvaise récolte, l'augmentation ou la décroissance de l'exportation, l'activité ou la stagnation des affaires, en résumé tout événement intéressant le pays à un degré quelconque trouve aussitôt son expression sur la cote de la Bourse. Ce fonctionnement important étant bien établi et au-dessus de toute contestation, il serait puéril de ne voir dans la Bourse qu'une maison de jeu. Sans doute il y a des exemples trop nombreux de fortunes englouties dans des spéculations; mais ces désastres ont presque toujours pour cause l'inexpérience des spéculateurs qui s'aventurent imprudemment sur ce terrain entraînant sans préparations suffisantes, sans connaissances pratiques et par conséquent sans avoir le moyen de se défendre.

Que dirait-on d'un homme qui voudrait bâtir un palais sans connaître l'architecture, construire une machine à vapeur sans s'être donné la peine d'apprendre l'art de la mécanique? S'il ne faut pas d'aussi longs travaux pour se mettre au courant des affaires de Bourse, il ne faut pas non plus se fier à leur apparente simplicité, et une étude préparatoire sérieuse est indispensable.

En lisant avec application ce petit livre, les personnes les moins initiées aux spéculations seront en état de faire fructifier leurs capitaux disponibles tout aussi bien que les financiers les plus rompus aux affaires. Cette étude leur tiendra lieu de l'expérience, qu'on n'acquiert le plus souvent qu'à ses dépens. C'est en s'instruisant que l'on peut éviter les dangers que fait courir un excès de confiance, et ce n'est qu'en se tenant au courant de tout ce qui se passe dans le monde de la finance que l'on arrive à augmenter sa fortune et qu'on évite de se réveiller un vilain matin ruiné pour s'être engagé dans une affaire véreuse.

Au surplus, le meilleur argument en faveur des affaires de Bourse, qui prouve d'une manière concluante qu'elle ne présente de dangers que pour les ignorants, est dans ce fait qu'aucun de ceux qui s'y sont livrés sérieusement ait jamais eu l'idée de les abandonner pour une autre branche du commerce ou de l'industrie.

II

Hausse. — Baisse.

La Bourse est le grand marché des fonds d'Etat et de toutes les valeurs mobilières ou industrielles représentées par des actions ou des obligations.

Les cours auxquels les différents fonds publics et valeurs se négocient sont sujets, comme ceux de toute autre marchandise, à des fluctuations journalières qui dépendent de l'offre et de la demande. Il est naturel, lorsqu'il se répand une nouvelle politique de nature à jeter des inquiétudes dans les esprits, qu'il y ait beaucoup de porteurs de titres qui cherchent à les vendre, tandis que peu de capitalistes sont disposés à les acheter. Les premiers les offriront à un prix de plus en plus bas, jusqu'à ce qu'ils trouvent un acquéreur que le bon marché décide. Voilà une des causes de ce qu'on appelle la *baisse*. Si, au contraire, l'horizon politique est sans nuage, l'épargne, qui va sans cesse en s'accumulant, fait affluer l'argent au marché. Le capital, en quête de placement, recherche à la Bourse des titres dont peu de détenteurs sont, dans ces circonstances, disposés à se dessaisir. Il les demande à des cours de plus en plus élevés, jusqu'à ce que, séduit par le bénéfice qui s'offre à lui, le propriétaire des titres les lui vende. Voilà l'explication de la *hausse.*

Le spéculateur doit donc s'appliquer à tirer parti de ces diverses fluctuations, en achetant, lorsque les valeurs sont cotées bas pour les revendre plus cher, ce qu'on appelle une opération *à la hausse;* ou en vendant les valeurs quand la situation lui semble inquiétante pour les racheter si la baisse se produit, ce qui se nomme une opération *à la baisse.*

Ces opérations *de spéculation* se font principalement sur le marché *à terme*, tandis que les opérations *de placement* se font surtout sur le marché *au comptant.*

III

Marchés au comptant. — Marchés à terme

A la Bourse de Paris, les transactions doivent toutes être faites par l'intermédiaire des agents de change, qui sont au nombre de soixante, et dont le corps constitue « le Parquet de la Bourse. » Les agents de change entrent en Bourse à midi et demi et y restent jusqu'à trois heures. C'est dans cet espace de temps que se tient la Bourse officielle. L'emplacement qui leur est réservé se nomme « la corbeille » : eux seuls ont le droit d'y pénétrer. Ils ne s'occupent eux-mêmes que des affaires à terme, mais ils ont chacun un commis spécial pour traiter les affaires au comptant, c'est-à-dire toutes les transactions qui se font contre argent ou contre titres. Ces commis au comptant arrivent à la Bourse à midi, et jusqu'à midi et demi ils négocient entre eux les ordres qui leur ont été donnés à exécuter au cours moyen du jour, qui est fixé de la manière suivante : A midi et demi, les commis au comptant se réunissent dans un emplacement à eux réservé, où se trouve un employé qui note tous les différents cours auxquels chaque valeur se traite jusqu'à trois heures ; et c'est la moyenne de ces cours qui, établie après Bourse dans le cabinet des agents de change, constitue le cours moyen de la journée.

C'est une croyance assez généralement répandue, qu'en achetant au cours moyen on opère en toute sécurité. Il y a là cependant un danger à éviter, danger qui provient d'une manœuvre que nous allons signaler. C'est surtout lorsqu'il s'agit de valeurs qui se trouvent concentrées dans peu de mains, que le public candide, qui ignore les détours de la Bourse, est exposé à les payer plus cher que le véritable cours. Supposons qu'il se produise un jour des demandes au comptant de plusieurs centaines d'obligations qui se sont traitées la veille au cours de 315 francs environ.

Le banquier ou l'établissement de crédit qui en est le gros détenteur, sert cette demande avant la Bourse au cours moyen, et vers la fin de la Bourse il fait acheter cinq ou dix de ces obligations au cours de 320 ; en sorte que le cours moyen, qui était la veille de 315, peut être élevé jusqu'à 320 fr. Le spéculateur avisé, lorsqu'il veut acheter un chiffre considérable d'une valeur, se prémunit contre une pareille éventualité en *met-*

tant opposition à un cours trop élevé, et voici comment il procède : ayant acheté soit 300 obligations au cours moyen qui la veille était de 315, il déclare à l'employé chargé d'enregistrer les cours qu'il a à vendre, par exemple, 100 de ces obligations au cours de 317 50; de sorte qu'on ne pourra pas coter le cours de 318 avant que ces 100 obligations aient été achetées à 317 50. Il se garantit de cette façon contre le danger de voir établir un cours moyen factice par l'achat d'un nombre insignifiant d'obligations à un prix exagéré.

Il serait à désirer que le cours moyen fût fixé d'une manière plus juste, en tenant compte non-seulement des différents cours qui se sont produits pendant la durée de la Bourse officielle, mais encore de l'importance des transactions qui ont été traitées à chaque cours.

Les opérations au comptant doivent être liquidées dans trois jours francs, expression qui signifie qu'après le jour où le marché a été conclu, on a trois jours entiers pour se mettre en mesure et que la livraison doit avoir lieu le jour suivant. Si, par exemple, on achète une valeur à la Bourse du 10, on peut laisser passer le 11, le 12 et le 13, mais le 14, au plus tard, le marché doit être exécuté. Si, dans cet intervalle, il se trouve un dimanche ou un des quatre jours de fête : l'Ascension, l'Assomption, la Toussaint, la

Noël, ou le premier jour de l'an, l'obligation est reculée d'un jour. Cette obligation de prendre livraison des titres achetés, ou de livrer les titres vendus dans un délai aussi court, est cause qu'il ne se fait au comptant que des affaires de placement, tandis que les affaires de spéculation, qui dans toutes les Bourses sont les plus considérables, se font dans le marché à terme.

On appelle opérations à terme celles dont le règlement a lieu à une époque ultérieure. Ce règlement se nomme la liquidation.

Pour la rente française, la liquidation a lieu le 1er de chaque mois, et comprend toutes les opérations faites dans le courant du mois précédent. La Banque de France, le Crédit foncier et les Chemins de fer francais se liquident le 2 de chaque mois. Pour toutes les autres valeurs, la liquidation se fait deux fois par mois, le 2 et le 16.

Il est contraire au règlement de la Chambre syndicale des agents de change, de faire des opérations à un terme plus éloigné que la deuxième liquidation. Ainsi, pour les opérations sur les rentes ou chemins français faites dans le courant du mois de mai, on ne peut convenir d'un terme plus éloigné que fin juin. Pour les valeurs à liquidations bi-mensuelles faites, par exemple, dans la seconde moitié de juin, le terme de liquidation le plus éloigné qu'il est loisible aux agents de change de choisir est le 16 juillet.

Des règlements semblables n'existent d'ailleurs qu'aux Bourses françaises. Dans celles des autres pays, aucun règlement ne s'oppose à ce que le spéculateur s'engage pour le terme qui lui convient.

Les spéculateurs n'étant obligés de prendre livraison des titres achetés ou de livrer les titres vendus que le jour de la liquidation, ont par conséquent tout ce laps de temps pour attendre de nouveaux cours, et revendre ou racheter suivant leur convenance. Si, jusqu'au jour de la liquidation, il ne s'est pas produit des cours favorables à la réalisation de leur engagement, il leur reste la ressource de pouvoir faire reporter leur position à la liquidation suivante, ainsi que nous allons l'expliquer.

IV

Reports, déports.

Si l'acheteur qui doit prendre livraison des titres le jour de la liquidation veut maintenir sa position d'acheteur, croyant à un mouvement de hausse, et retarder la prise de livraison jusqu'à la liquidation suivante, il en donne avis à son agent de change ou à l'intermédiaire dont il se sert, lequel lui trouve un capitaliste qui prend livraison des titres en son lieu et place, pour les lui relivrer le mois suivant, moyennant un prix débattu qui n'est autre que l'intérêt de l'argent avancé, et qui se nomme *report*. Il est clair que s'il y a beaucoup d'argent disponible sur la place, on trouve facilement des capitalistes prêts à employer temporairement leurs fonds à un prix souvent modique, et que ces mêmes capitalistes, si l'argent devient rare, se montrent plus exigeants et demandent un intérêt plus élevé.

De même, le vendeur qui veut retarder la livraison des titres jusqu'à la liquidation suivante, charge son agent de change de trouver un détenteur de titres qui les livre en son lieu et place, pour les reprendre à la susdite liquidation. Comme celui qui prête les titres en reçoit le prix et a la jouissance de l'argent jusqu'au mois prochain, il est naturel qu'il doit en payer le loyer dont bénéficie le vendeur à découvert, absolument comme s'il était capitaliste ayant avancé l'argent. Le plus souvent, sur un grand marché comme celui de Paris, il se rencontre qu'il y a d'un côté beaucoup d'acheteurs qui, ne pouvant lever leurs titres, c'est-à-dire en prendre livraison, se font reporter, et, de l'autre côté, beaucoup de vendeurs qui, n'étant pas possesseurs de titres, reportent; de sorte que acheteurs et vendeurs se font la contre-partie pour le plus grand nombre des transactions engagées, et qu'il n'y a qu'un solde relativement très petit pour lequel les agents ou intermédiaires s'adressent aux vrais capitalistes ou détenteurs de titres.

Un exemple, pour plus de clarté :

Jean est acheteur pour la liquidation du 1er septembre de 5,000 fr. de rentes au cours de 97 fr., dont il ne veut prendre livraison qu'à la liquidation du 1er octobre.

Paul est vendeur de 5,000 fr. de rentes, également pour le 1er septembre, qu'il ne veut livrer que le 1er octobre.

Paul propose à Jean de reporter la position

aux mêmes conditions que lui ferait subir tout autre capitaliste, et l'opération se liquide ainsi :

Jean a acheté à A : il doit lui payer 97,000 fr. et recevoir en échange un titre de 5,000 fr. de rentes.

Paul a vendu à B : il doit lui livrer le titre de 5,000 fr. de rentes et en recevoir le prix, 97,000 fr.

Paul dit à B : « Payez les 97,000 fr. à A, qui, en échange, vous remettra le titre. » A et B sont donc complétement satisfaits, et il ne reste en présence que Jean et Paul, qui auront à liquider leur position le mois suivant. Le prix du report convenu est ajouté au prix auquel Paul livrera à Jean le titre de 5,000 fr. de rentes.

Ce report ne constitue ordinairement ni un bénéfice pour le vendeur ni une perte pour l'acheteur. Il ne représente en général que la partie proportionnelle du coupon à échoir. Le jour du détachement du coupon, l'acheteur à terme est crédité de la valeur qu'il représente, et le vendeur à terme est débité de la même somme. Ainsi, un acheteur qui pendant trois mois aurait payé un report de 40 centimes sur la rente, rentre dans ses déboursés le jour du détachement du coupon trimestriel, où on le crédite de 1 fr. 25.

Nous avons dit que lorsque l'argent est rare le capitaliste tient la dragée haute et fait payer un loyer élevé de l'argent avancé ; dans ce cas le re-

BIBLIOTHÈQUE NATIONALE R.F. IMPRIMÉS

port dépasse l'intérêt représenté par la part du coupon. Quelquefois la rareté des titres sur la place produit l'effet contraire. Il arrive que la spéculation, inquiétée par des raisons politiques ou financières, vend beaucoup de titres *à découvert*, ce qui signifie sans les avoir en sa possession, et qu'en liquidation les capitalistes sérieux, qui avaient fait leur contre-partie comme acheteurs, demandent en grand nombre à lever les titres qu'ils ont achetés. Alors les vendeurs, au lieu d'avoir à toucher un report, sont obligés de se procurer les titres qui leur manquent en s'adressant à des détenteurs qui ne les leur prêtent que moyennant un prix débattu qui s'appelle *déport*.

Ainsi, dans les derniers temps de l'empire, lorsque tout le monde voyait la guerre avec la Prusse inévitable, il y avait continuellement une grande spéculation engagée à la baisse sur la rente, et les vendeurs ne pouvaient se procurer les titres qu'en payant chaque mois un *déport* qui variait de 5 à 15 centimes. Ceci pourtant est un cas exceptionnel, car le déport ne se produit, en général, que sur de mauvaises valeurs.

Quelquefois une spéculation aventureuse, voyant certaines actions cotées au-dessus de leur véritable valeur, se met à les vendre à découvert, sans réfléchir au danger qu'elle court si, comme le cas peut se présenter, ces actions se trouvent concentrées dans les mains d'un petit nombre de détenteurs, ou peut-être même complétement dans le coffre-fort d'une institution de crédit. Comme ces détenteurs ou cette société de crédit ont tout intérêt à les voir très haut cotées, pour conserver la chance de les écouler dans le public, ils ne les prêtent aux vendeurs à découvert qu'à un cours très élevé, et moyennant un déport qui quelquefois atteint des proportions colossales.

Ainsi, il y a dix ans, les actions du chemin de fer de Xérès, cotées au cours exagéré de 560 francs, se trouvaient presque toutes dans les mains d'une maison de banque de Paris. La spéculation inconsidérée qui, jugeant ce cours beaucoup trop élevé, se mettait à vendre à découvert ces actions, était rançonnée chaque mois par la maison de banque qui les avait toutes achetées, était obligée à chaque liquidation de payer un déport qui variait entre 20 francs et 60 francs par action, et finalement forcée de se racheter au plus haut cours. De la sorte, la spéculation perdait des sommes considérables quoiqu'elle eût raison au fond, car lorsque cette maison de banque, pressée par le besoin, s'en vint sur le marché pour vendre les actions, elle ne put s'en défaire qu'à des prix ridiculement bas. Ces actions sont cotées depuis quelques années dans les environs de 20 francs.

Voici un autre exemple :

Mirès avait acheté toutes les actions du chemin de fer romain, sur lesquelles il y avait un découvert considérable. Les vendeurs à découvert ne pouvant les livrer, étaient obligés de subir ses conditions et de se racheter au prix qu'il leur dictait. Cependant cette opération a causé sa ruine. Car Mirès avait gagné, il est vrai, des sommes considérables avec les vendeurs, mais, en fin de compte, il restait détenteur de toutes ces actions qu'il ne put plus tard, lorsqu'il y fut forcé, revendre qu'aux prix les plus infimes.

Au moment même où nous écrivons ces lignes un cas pareil se produit à la Bourse. Une spéculation considérable est engagée à la baisse sur les actions de la Banque franco-hollandaise, qui sont toutes concentrées dans une seule main. Chaque jour on les fait coter 20 ou 30 fr. plus haut; et les vendeurs à découvert, pris au piége, ne trouvant même pas à les acheter à ces prix exagérés, sont encore rançonnés par un déport de 15 à 20 fr. qu'ils sont obligés de payer pour se procurer les titres, en vue de la liquidation du 15 octobre.

La morale à tirer de ces exemples est qu'en règle générale, adoptée par tous les praticiens expérimentés, il faut s'abstenir de faire des affaires avec les valeurs dans lesquelles il y a un déport.

V

Cours de compensation.

Pendant tout le mois il s'effectue sur le marché des achats et des ventes aux cours les plus divers. Nous avons vu que ce n'est pas toujours celui qui vend un titre qui le livre effectivement, ou celui qui l'achète qui en prend livraison effective. Le jour de la liquidation, pour la simplification des comptes, la Chambre syndicale des agents de change fixe un cours uniforme auquel ont lieu toutes les livraisons de titres. Ce cours s'appelle le cours de *compensation*. Il sert de base pour faire les reports et régler les différences. C'est à ce cours de compensation que celui qui a acheté dans le courant du mois, doit se faire reporter par un capitaliste ou par un vendeur à découvert les titres achetés. Si le cours de compensation est plus haut que son cours d'achat, il lui est tenu compte de la différence qu'il touchera le 5 du mois suivant. Si au contraire le cours de compensation est plus bas que son cours d'achat, il devra parfaire la différence le 4 du mois.

La même chose a lieu pour le vendeur à découvert, qui doit payer la différence jusqu'au cours de compensation s'il est plus haut que son cours de vente, ou qui l'encaisse si le cours de compensation est plus bas.

Ainsi, le cours de compensation de la rente se trouvant fixé à 96 50, l'acheteur qui, dans le courant du mois, a acheté 5,000 francs de rentes à 96 francs et qui à la liquidation s'est fait reporter, touche la différence de son cours d'achat au cours de compensation, c'est-à-dire 500 francs; si, au contraire, il a acheté sa rente à un prix plus élevé, par exemple à 96 80, il est obligé, s'il se fait reporter, de payer la différence entre ce prix d'achat et le cours de compensation, soit 300 francs.

VI

Marchés à prime.

Nous appelons d'une manière toute particulière l'attention du lecteur sur ce chapitre important. Spécialement à la Bourse de Paris, le marché à prime a pris une si grande extension et des proportions telles, qu'il exerce sur toutes les autres transactions une influence prépondérante. La majeure partie des grands mouvements de hausse et de baisse qui se produisent particulièrement sur la Rente française, ont leurs causes premières dans l'enchevêtrement des primes qui servent de bases à toutes les grandes opérations. La prime est un élément de spéculation qui permet souvent à de petits capitalistes d'entreprendre des opérations gigantesques, et de réaliser des bénéfices considérables tout en limitant leur perte, en cas d'insuccès, à des chiffres relativement faibles.

La *prime* n'est autre chose qu'une assurance

payée par l'acheteur contre une baisse inopinée des valeurs.

En prenant la cote officielle, nous voyons, par exemple, à la date de fin juillet, la rente cotée à 98 fr., et dans une colonne voisine, à la même date, nous la voyons cotée à 98 40, dont 50 cent. de *prime*. Cela veut dire que le spéculateur prudent qui, tout en jouant à la hausse, veut limiter sa perte à un chiffre déterminé, achète la rente 40 centimes plus cher, pour avoir, en compensation, la faculté de résilier son marché à la fin du mois, et de ne pas prendre livraison de la rente achetée, en payant 50 centimes par 5 francs de rente, — ce qui s'appelle *abandonner sa prime* — si un cas imprévu a produit une forte baisse au lieu de la hausse attendue.

On voit d'après cela qu'un spéculateur qui prévoit une forte hausse dans le courant d'un mois, mais qui ne veut pas cependant exposer sa fortune aux surprises qu'un événement politique pourrait lui réserver, peut acheter 100,000 fr. de rentes, et recueillir tout le bénéfice de la hausse éventuelle en n'exposant dans tous les cas possibles qu'une somme de 10,000 fr.

Mais ce n'est pas seulement pour les opérations à la hausse que peut servir l'achat d'une prime ; on s'en sert également pour les opérations à la baisse, et voici comment :

Nous prenons le cas précité de la rente cotée

98 fr. *ferme* (ce qui veut dire sans conditions), et à 98 40 dont 50 centimes. Un spéculateur prévoit un événement devant produire une forte baisse ; mais dans le cas où cet événement n'aurait pas lieu, et où ce serait au contraire la hausse qui se produisît, il veut limiter sa perte et il opère ainsi : il fait vendre 100,000 fr. de rentes au cours de 98 fr., et acheter en même temps 100,000 fr. de rentes à 98 40 dont 50 centimes. Ce dernier marché n'est que conditionnel, puisqu'il a toujours la faculté de le résilier en payant la *prime* de 50 centimes. Si la rente tombe de 98 à 96 fr. il rachète les 100,000 fr. de rentes vendus, et réalise sur cette opération un bénéfice de 40,000 fr., de laquelle somme il y a à défalquer 10,000 fr. qu'il devra payer si, à la fin du mois, il abandonne les 100,000 fr. de rentes achetés à prime.

Il arrive quelquefois, dans le courant du même mois, qu'après avoir racheté la Rente vendue et réalisé un bénéfice à la baisse, le spéculateur a la bonne fortune de voir la Rente remonter de manière à couvrir ou dépasser le prix d'achat de la prime, de telle sorte qu'au lieu de l'abandonner il maintient son marché, ce qui, en termes de Bourse, s'appelle *lever sa prime*, et réalise encore un bénéfice à la hausse.

Voyons maintenant ce qui serait arrivé si la Rente avait monté à 99 francs, à partir du jour où le spéculateur a fait sa double opération de vente à 98 francs ferme, et d'achat à prime à 98 fr. 40 dont 50 centimes. Dans ce cas il perdait la différence de 40 centimes, ce qui ferait 8,000 francs pour 100,000 francs de rentes.

La différence entre le prix auquel la Rente est cotée ferme et le prix auquel elle est cotée à prime, s'appelle *l'écart*. Cet écart est sujet à de grandes variations. Il est évident qu'il est plus grand au commencement du mois, et que jusqu'à la fin il va continuellement en s'amoindrissant, par la raison que l'acheteur d'une prime a d'abord tout un mois pour spéculer à l'abri de cette assurance, et que ses chances diminuent de jour en jour jusqu'à la liquidation. Il est également clair que, lorsque la Rente pendant quelques semaines n'éprouve que de légères fluctuations, cet écart est très insignifiant, et qu'au contraire, lorsque les cours subissent des soubresauts brusques, l'écart augmente considérablement ou, en termes de Bourse, *se tend*.

Nous avons plus haut basé notre exemple sur une prime dont 50 centimes. Il y a différents types de *primes* à la Bourse de Paris. Les plus usités sont les primes dont 25 centimes, dont 50 centimes, dont 1 franc, ce qui équivaut à dire que l'acheteur doit payer ou 25, ou 50 centimes, ou 1 franc pour chaque 5 francs de rente achetés, dont il lui convient de résilier le marché. Il va de soi que l'écart des primes est plus grand pour la prime de 25 que pour celle de 50 centimes, et plus grand pour la prime de 50 centimes que pour celle de 1 franc; car la prime n'étant qu'une assurance, il est tout naturel que le vendeur de la prime ou l'assureur demande une prime d'assurances d'autant plus forte qu'il y a plus de probabilités qu'elle sera levée.

Si Jacques vend à Pierre 5,000 francs de rentes à 98 fr. 40 dont 50 centimes, quelle opération fait-il? En cas de hausse, il lui a vendu la rente 40 centimes plus cher que le cours momentané; en cas de baisse, il n'a rien vendu, parce que Pierre lui payera les 500 francs de prime. Si Pierre avait consenti à lui payer une prime dont 1 franc en cas de résiliation du marché, naturellement Jacques lui aurait vendu moins cher, par exemple à 98 fr. 15 au lieu de 98 fr. 40; et si, au contraire, Pierre n'avait consenti qu'à une prime dont 25 centimes, c'est-à-dire à 250 francs en cas de résiliation, il est également tout simple que Jacques ne lui aurait plus vendu à 98 fr. 40, mais en aurait demandé 98 fr. 70.

C'est pour cela que nous voyons, par exemple, à la cote le prix de la rente ferme à 98 francs, le prix de la rente dont 1 franc à 98 fr. 15, le prix de la rente dont 50 centimes à 98 fr. 40, et le prix de la rente dont 25 centimes à 98 fr. 70.

VII

Réponse des primes.

Le dernier jour du mois a lieu, pour toutes les valeurs, ce qu'on appelle *la réponse des primes*. Pour les valeurs à liquidations bi-mensuelles, il y a encore une réponse le 15. C'est dans ces jours et à une heure et demie précises que l'acheteur d'une prime est tenu de déclarer à son vendeur s'il entend maintenir son marché (lever sa prime) ou s'il veut, en payant la somme convenue, le résilier (abandonner sa prime).

A ce moment suprême éclatent généralement des luttes acharnées entre les spéculateurs ayant intérêt à ce que les primes soient levées, et ceux qui ont l'intérêt contraire. Les uns cherchent à enlever (faire élever) le cours par des achats précipités, les autres, par des ventes répétées, essayent de le faire fléchir. Les plus gros intérêts se rattachent au cours de la réponse, se heurtent et se combattent avec acharnement. Ce spectacle paraîtrait assurément étrange à celui qui ne serait pas initié aux grandes opérations qui se dénouent en ce moment.

A la réponse des primes, les neuf dixièmes des opérations engagées pendant le mois se trouvent être liquidées, et il n'y a, en général, qu'un très petit reste d'acheteurs et de vendeurs qui, le lendemain, jour de la liquidation, ont encore à faire reporter leur position pour la liquidation suivante.

VIII

Petites primes.

En dehors des primes dont la réponse s'effectue la veille de la liquidation, il se fait encore sur la Rente un nombre considérable de petites primes dont 5 centimes et dont 10 centimes pour le lendemain, c'est-à-dire que l'acheteur d'une de ces primes, au lieu d'avoir jusqu'à la veille de la liquidation pour se déclarer sur le maintien ou la résiliation de son marché, doit faire sa déclaration à la Bourse du jour suivant, à deux heures. Le temps qu'il a devant lui, pour opérer ou manœuvrer sur ces primes, est certainement très court, mais aussi il ne risque qu'une somme insignifiante, puisqu'il peut, par ce moyen, rester acheteur jusqu'au lendemain de 5,000 fr. de rentes, en n'exposant que 50 fr. s'il a acheté une prime dont 5 centimes, et 100 fr., s'il a acheté une prime dont 10 centimes. L'écart entre le ferme et le cours de ces primes pour le lendemain est généralement très petit. Quelquefois il se tend outre mesure, quand on est à la veille d'un vote important de la Chambre ou dans l'attente d'un événement politique sur le point d'éclater. On a vu des spéculateurs heureux ou bien informés, opérant sur de petites primes, réaliser du jour au lendemain des bénéfices colossaux, tout en n'exposant que des enjeux dérisoires. Ainsi, les personnes qui, le 4 juillet 1866, achetèrent des primes dont 10 centimes sur la Rente italienne, purent, le jour suivant, réaliser un bénéfice de 150,000 fr. par chaque somme de 1,000 fr. exposée.

Nous pourrions multiplier les exemples de résultats quelquefois fabuleux obtenus par ce genre d'opération, mais nous ne saurions cependant le recommander à nos lecteurs parce que, en général, dans les temps calmes, ces primes sont abandonnées neuf fois sur dix, tandis que, dans les Bourses agitées, elles sont sujettes à de tels écarts, qu'il reste peu de marge au bénéfice. De même que les grandes primes exercent à la fin du mois une action notable sur la tenue du marché, les petites primes dans les Bourses calmes ont leur influence sur la tenue de la Rente, à deux heures, au moment de la réponse quotidienne.

IX

Echelle des primes.

Nous avons fait ressortir le grand parti que l'on peut tirer de l'achat des primes, et exposé de quelle manière on doit s'y prendre pour opérer, soit à la hausse, soit à la baisse, en ne risquant qu'un petit capital. Le lecteur attentif doit maintenant se poser cette question toute naturelle : Pourquoi se rencontre-t-il des gens qui vendent des primes, puisqu'ils s'exposent par là à des dangers que la plus simple prudence leur commande d'éviter? Au premier abord, il semble, en effet, téméraire de se livrer à un commerce qui ne donne qu'un bénéfice limité et qui peut faire courir des risques de grandes pertes. Pourtant, si l'on approfondit l'ensemble de ce genre d'opérations, ses combinaisons multiples et les ressources qu'il présente, si l'on pèse bien le pour et le contre, on arrive aisément à reconnaître que de toutes les affaires de Bourse, c'est celle qui offre le plus de probabilités de succès constant et régulier, pourvu, bien entendu, qu'on opère dans la mesure de ses forces.

Personne ne s'étonne de voir une Compagnie d'assurances assurer un navire d'une valeur de plusieurs millions, qui doit faire le tour du monde, pour une somme relativement très minime, assurer un palais contenant un mobilier somptueux contre une prime à peine sensible, assurer même la vie des personnes, moyennant un payement annuel de peu d'importance. Cependant il y a des vaisseaux qui se perdent; nous lisons chaque jour le récit de graves incendies; et il semble avéré que tout le monde meurt, les assurés comme les autres. Les Compagnies d'assurances payent la valeur du navire perdu, de la maison brûlée, le montant de la somme assurée au décès, ce qui ne les empêche nullement de distribuer, chaque année, à leurs actionnaires de beaux dividendes. Car leurs tables de probabilités établissent, d'une façon mathématique, la valeur marchande des risques courus, lesquels sont couverts, et au delà, par le montant des primes qu'ils se font payer.

On sait que les calculs de probabilités sont d'autant plus vrais qu'ils sont appliqués sur un plus grand nombre de chiffres. Aussi voyons-nous les Compagnies rechercher une multitude d'affaires éparpillées sur beaucoup de points et se couvrir par des réassurances lorsqu'elles ont assuré un vaisseau de très grande valeur, ou beaucoup de maisons dans une même localité, ou un trop gros chiffre sur la tête d'un seul homme.

L'expérience a démontré qu'à la Bourse les grands mouvements sont l'exception, qu'ils se produisent peut-être une fois dans le courant d'une année, tandis que dans les onze autres mois ils sont insignifiants et, par conséquent, les risques à courir à peu près nuls. Ainsi, le spéculateur qui vend régulièrement des primes réalisera pendant onze mois des bénéfices qui seront plus ou moins diminués par la perte qu'il fera dans le douzième mois où se produiront de grands mouvements ; de même qu'une Compagnie d'assurances touche continuellement des primes jusqu'à ce qu'un sinistre l'oblige à restituer une partie de son gain.

Le spéculateur qui fait le commerce des primes commence à l'entrée du mois à acheter, par exemple, 25,000 francs de rentes ferme au cours de 97 francs et à vendre 25,000 francs de rentes à 97 fr. 50 dont 50 centimes, et autres 25,000 francs de rentes à 97 fr. 75 dont 25 centimes. Si, pendant le mois, comme cela arrive souvent, la Rente ne varie que de quelques centimes, ou bien si, après avoir monté ou baissé, elle revient à la fin du mois au cours de 97 francs, il gagne 3,750 francs. Si, à la fin du mois, la Rente a baissé, il touche le montant de ses primes, c'est-à-dire 3,750 francs qui amoindrissent le prix de son achat de 75 centimes et le remettent ainsi à 96 fr. 25. Avec la tendance qu'ont nos fonds d'Etat à monter, il n'est pas inquiétant de se voir acheteur à un cours relativement bas, et il peut tranquillement attendre le jour de la reprise qui doit lui donner son bénéfice. Si, enfin, la Rente a monté, il faut que la hausse soit de 1 fr. 25 pour faire disparaître son gain. En effet, à ce cours de 98 fr. 25, il gagne sur son achat de ferme 6,250 francs; mais il perd, sur sa vente de prime dont 50 centimes, 3,750 francs, et sur sa vente de prime dont 25 centimes, 2,500 francs, ce qui fait aussi 6,250 francs, balance égale entre le gain et la perte. Au delà d'une hausse de 1 fr. 25, le vendeur de primes commencerait à perdre. Mais les habiles spéculateurs, lorsqu'ils voient un mouvement important de hausse se dessiner, achètent à nouveau du ferme pour couvrir les primes vendues et revendent de nouvelles primes à des cours beaucoup plus élevés. Car, ainsi que nous l'avons expliqué dans un précédent chapitre, l'écart des primes devient très considérable dès que la Bourse est mouvementée. Très souvent, lorsque le spéculateur est fortement engagé, il profite des moments de faiblesse qui suivent toujours les grands mouvements pour acheter lui-même des primes.

qu'il trouve dans ces moments de faiblesse à un moindre écart.

C'est l'ensemble de ces opérations d'achat de ferme, de vente et de rachat de primes qu'on appelle une *échelle de primes*. Les bénéfices que l'on peut réaliser par cette manière d'opérer sont considérables et suivis, et les liquidations dans lesquelles les faiseurs d'échelles se trouvent en perte sont excessivement rares. Il est difficile d'indiquer, dans un ouvrage sommaire comme celui-ci, toutes les ressources que peuvent offrir à un habile praticien les oscillations de hausse et de baisse qui alternent dans les Bourses mouvementées. Nous allons cependant donner quelques indications que nous ferons suivre du journal d'un faiseur d'échelles qui nous a été communiqué, dans lequel sont relatées toutes ses opérations; nous indiquerons ensuite une manière de comptabilité simple qui permet au spéculateur de savoir au juste, à chaque cours qui se produit, de quel chiffre de rentes il est acheteur ou vendeur, si ce cours était celui de la réponse, et à quel chiffre s'élève son gain ou sa perte.

La base du bénéfice que peut réaliser un faiseur d'échelles est dans la différence qui existe entre le prix du ferme et le prix de prime. Il commence ses opérations dans les premiers jours du mois, alors que l'écart est le plus grand, et il les continue dans toute sa durée pendant laquelle l'écart va en diminuant progressivement jusqu'au moment où il disparaît tout à fait, le jour de la réponse. La probabilité est donc que, pendant le cours du mois, le spéculateur pourra toujours dénouer son opération avec bénéfice. Toutes les fois que les primes seront très offertes, il lui conviendra de vendre une partie du ferme acheté, et d'acheter par contre les primes offertes à bas prix. Cela lui permettra, dès que l'écart se tendra de nouveau, de faire l'opération contraire, c'est-à-dire acheter du ferme et revendre des primes. Ces occasions se rencontrent fréquemment dans un mois où il y a du mouvement et étendent d'une façon sensible la limite du cours où il pourrait commencer à perdre. Très souvent, après avoir manœuvré de la sorte, la position du faiseur d'échelles devient si avantageuse qu'il n'a absolument rien à redouter de la hausse la plus importante, et que seulement une baisse considérable pourrait entamer ses bénéfices. Dans ce cas, il lui convient de vendre des primes dont 50 centimes et d'acheter des primes dont 25 centimes : en termes de bourse, *vendre la grosse prime et acheter la petite.* Une opération semblable diminue, il est vrai, ses gains s'il survient de la hausse, mais elle étend la limite du cours de perte si c'est la baisse qui se produit. Si sa position est moins favorable en cas de hausse qu'en cas de baisse, il fait l'opération inverse : il achète la grosse prime et vend la petite. Règle générale, dans les mois calmes, il suffit de laisser courir son engagement sans rien faire, et si, au contraire, il y a des Bourses agitées, il faut, dès que l'écart se tend, acheter du ferme et vendre des primes, et ne laisser passer aucune occasion de faire l'opération contraire, vendre du ferme et acheter des primes, toutes les fois que l'écart, par suite des offres de primes, diminue.

Nous engageons vivement nos lecteurs à relire ce chapitre avec attention, à ne pas se laisser rebuter par ce qu'il peut avoir d'aride et à s'efforcer de bien se rendre compte de la raison déterminante de chacune des opérations faites conformément aux avis que nous venons de donner. Cette application leur permettra d'étudier avec beaucoup de profit le journal des opérations d'échelle de primes tenu par un spéculateur au mois de juin 1874, que nous reproduisons avec tous ses tableaux dans le chapitre qui suit.

X

Journal d'opérations d'échelles des primes.

Durand commence ses opérations le 1er juin en achetant 30,000 francs de rentes 5 0/0 fermes à 94.65, et en vendant par contre 15,000 francs de rentes à 95 francs dont 50 centimes et 15,000 francs de rentes à 95 25 dont 25 centimes. Par cette première opération, il a obtenu un écart de 35 centimes pour les primes dont 50 centimes, et un écart de 60 centimes pour les primes dont 25 centimes.

Les Bourses du 2, du 3, du 4 et du 5 juin se passent à peu près sans affaires et sans mouvement. Aussi l'écart des primes diminue d'une façon sensible, malgré une petite reprise qui se produit ; et le 6 juin Durand vend 20,000 francs de rentes fermes à 94 75, et achète par contre 10,000 francs de rentes à 94 90 dont 50 centimes, et 10,000 francs de rentes à 95 10 dont 25 centimes.

Dans cette deuxième opération, il réalise un petit bénéfice sur le ferme acheté comme aussi sur les primes vendues, ce dernier bénéfice ne devenant acquis que lorsque les primes seront levées; en même temps il a diminué de deux tiers l'importance de ses engagements.

A la Bourse du 8, un brusque mouvement de recul s'étant produit, l'écart des primes s'est détendu. Il achète de nouveau 20,000 francs de rentes fermes à 94 50 et vend 15,000 francs de rentes à 94 95 dont 25 centimes.

Dans cette troisième opération, il a vendu 10,000 francs de rentes à primes de plus qu'il n'a acheté du ferme, et voici son raisonnement : en cas de baisse persistante, sa rente lui revient à bien meilleur marché; en cas de hausse, il gagnera en sus les écarts sur les primes rachetées dans sa deuxième opération, de sorte qu'il ne risque que d'être vendeur de 10,000 à des cours très élevés.

Le 9, la baisse s'étant continuée, il trouve occasion de racheter les 10,000 de primes vendues en plus à 94 70 dont 25 centimes.

L'ensemble des opérations faites jusqu'à ce jour se trouve inscrit ainsi sur son carnet.

DOIT	ACHATS				VENTES		AVOIR
juin			fr.	juin			fr.
1er	30.000	à 94.65	567.900	1er	15.000 à 95.»»/50		
6	10.000 à 94.90/50			»	15.000 à 95.25/25		
»	10.000 à 95.10/25			6	20.000	à 94.75	379.000
8	20.000	à 94.50	378.000	8	15.000 à 94.80/50		
9	10.000 à 94.70/25			»	15.000 à 94.95/25		

Pour se rendre un compte exact de sa position et savoir au juste ce que chaque 5 centimes de hausse ou de baisse lui font gagner ou perdre, Durand procède maintenant à la confection de son échelle de primes.

Il commence par compter comme abandonnées toutes les primes, tant achetées que vendues. Il se débite du montant des primes achetées, se crédite du montant des primes vendues et les inscrit, en retranchant de leurs cours d'achat ou de vente le chiffre de la prime, c'est-à-dire en retranchant 50 centimes pour les primes dont 50 c. et 25 c. pour les primes dont 25 c. Il écrira, par exemple, les 10,000 achetés le 6 juin, à 94.90 dont 50 c. :

DOIT ACHATS

6 juin 10.000 à 94.40 et pour primes.... fr. 1.000

Ce travail fait, ses opérations figureront ainsi sur son livre :

DOIT	ACHATS			VENTES	AVOIR
juin		fr.	juin		fr.
1er	30.000 à 94.65	567.900	1er	15.000 à 94.50 et pr primes	1.500
6	10.000 à 94.40 et pr primes	1.000	»	15.000 à 95.»» —	750
»	10.000 à 94.85 —	500	6	20.000 à 94.75	379.000
8	20.000 à 94.50	378.000	8	15.000 à 94.30 et pr primes	1.500
	10.000 à 94.45 et pr primes	500	»	15.000 à 94.70 —	750
					383.500
				Différence entre DOIT et AVOIR..	564.400
	TOTAL	947.900		TOTAL........	947.900

La différence entre DOIT et AVOIR représente le prix de 30.000 de rentes fermes, dont il est acheteur, et qui lui ressortent ainsi à fr. 94.07.

Le prix de son ferme établi, il inscrit à la file toutes les primes achetées et vendues, en négligeant le chiffre de la prime, qu'il a déjà compté dans le calcul précédent. Il commence par le cours le plus bas et, progressivement, finit par le plus élevé, comme ci-après :

Vendu	15.000 à 94.30
Acheté..................	10.000 à 94.40
Acheté..................	10.000 à 94.45
Vendu	15.000 à 94.50
Vendu	15.000 à 94.70
Acheté..................	10.000 à 94.85
Vendu	15.000 à 95.»»

Le travail qui reste à faire est très simple ; pour le faciliter au lecteur, nous ajouterons que chaque centime de variation fait, pour 5.000 fr. de rentes 5 0/0, dix francs.

Nous avons dit que les 30.000 de rentes fermes dont Durand est acheteur lui ressortent à 94.07. Au-dessous de ce cours il commencerait à perdre.

Si, au contraire, au moment de la réponse, la Rente est plus haute, il gagne.

Ainsi, au cours de

			Bénéfice. fr.
94.07	il est acheteur de	30.000	Nul
A 94.10	—	30.000	180
— 94.12 1/2	—	30.000	330
— 94.15	—	30.000	480
— 94.17 1/2	—	30.000	630
— 94.20	—	30.000	780
— 94.22 1/2	—	30.000	930
— 94.25	—	30.000	1.080
— 94.27 1/2	—	30.000	1.230

Au cours de 94.30, nous voyons, en tête de la note des marchés à primes établie plus haut, figurer une vente de 15,000 fr. de rentes. Notre spéculateur ne sera plus acheteur que de 15,000, ci :

— 94.30	—	15.000	1.380

Quinze mille francs de rentes étant ainsi liquidés au cours de 94.30, la hausse ne lui profite plus à partir du cours subséquent que pour les autres 15,000.

— 94.32 1/2	—	15.000	1.455
— 94.35	—	15.000	1.530
— 94.37 1/2	—	15.000	1.605

Au cours de 94.40, nous voyons plus haut un achat de 10,000. Sa position d'acheteur est portée à 25,000 ;

— 94.40	—	25.000	1.680

Et, comme précédemment, le bénéfice de la hausse s'appliquera à ces 25.000 jusqu'à la prochaine opération.

— 94.42 1/2	—	25.000	1.805

Nouvel achat de 10,000 au cours de 94.45. Durant devient acheteur de 35,000, ci :

— 94.45	—	35.000	1.930

			Bénéfice. fr.	Bénéfice calculé sur 35,000 : toujours à partir du cours qui modifie la position.
A 94.47 1/2	il est acheteur de	35.000	2.105	Au cours de 94.50, vente de 15,000. Il reste acheteur de 20,000, ci :
— 94.50	—	20.000	2.280	Bénéfice sur 20,000, ci :
— 94.52 1/2	—	20.000	2.380	
— 94.55	—	20.000	2.480	
— 94.57 1/2	—	20.000	2.580	
— 94.60	—	20.000	2.680	
— 94.62 1/2	—	20.000	2.780	
— 94.65	—	20.000	2.880	
— 94.67 1/2	—	20.000	2.980	Nouvelle vente de 15,000 à 94.70, qui réduit sa position d'acheteur à 5,000.
— 94.70	—	5.000	3,080	Bénéfice sur 5,000, ci :
— 94.72 1/2	—	5.000	3.105	
— 94.75	—	5.000	3.130	
— 94.77 1/2	—	5.000	3.155	
— 94.80	—	5.000	3.180	
— 94.82 1/2	—	5.000	3.205	Au cours de 94.85, nous le voyons à nouveau acheteur de 10,000, de sorte qu'il devient acheteur de 15,000.
— 94.85	—	15.000	3.230	Bénéfice sur 15,000, ci :
— 94.87 1/2	—	15.000	3.305	
— 94.90	—	15.000	3.380	
— 94.92 1/2	—	15.000	3.455	
— 94.95	—	15.000	3.530	
— 94.97 1/2	—	15.000	3.605	A 95.»», il est vendeur de 15,000, ce qui liquide sa position.
— 95.»»	Liquidé.	»	3.680	

En établissant ainsi sa position par petites fractions ascendantes, Durand peut voir du premier coup d'œil, à chaque cours qui se présente dans le courant du mois, de combien il reste acheteur, si ce cours était celui de la réponse des primes au dernier jour du mois, et quel serait son bénéfice. Il sait que, au-dessous de 94.07, il commence à perdre et qu'au-dessus de 95 fr. la hausse ultérieure ne l'intéresse plus, étant, à ce cours, complétement liquidé, avec un bénéfice de 3,680 fr.

Il est aisé de voir que cette position lui présente tout avantage en cas de hausse, mais qu'il doit tendre à l'améliorer pour le cas de baisse possible. Dans ce but, il profite, au commencement de la bourse du 10 juin, de ce que l'écart entre les primes dont 50 centimes, cotées à 94 65/50 et les primes dont 25 centimes, cotées à 94 75/25, n'est que de 10 centimes, et il achète 40,000 fr. de rentes à 94 75/25 et vend par contre 30,000 fr. de rentes à 94 65/50. Voici le résumé de cette opération.

En cas de baisse, il touche 3,000 francs pour primes dont 50 centimes abandonnées, et paye 2,000 francs pour ses primes dont 25 centimes. Bénéfice : 1,000 francs, ce qui abaisse le prix de ses 30,000 fr. fermes à 93 90 au lieu de 94 07.

En cas de hausse, son bénéfice se trouve amoindri de 600 francs (formés par la différence entre les 30,000 vendus à 94 65/50 et 30,000 achetés à 94 75/25) qu'il ne retrouve que lorsque la rente arrive à 95 05, parce qu'alors il gagne 30 centimes sur les 10,000 achetés en plus à 94 75/25, ce qui le fait rentrer dans ces 600 fr. A partir du cours de 95 05, cette opération lui devient encore profitable, parce qu'il commence à gagner aussi sur ces 10,000 dont 25 centimes.

A la Bourse du 11 juin, une légère reprise se fait sentir, mais elle disparaît complétement à la petite Bourse du soir. Le 12, on commence très faiblement à 94 42, pour s'élever rapidement vers la fin de la Bourse à 94 75. Les primes dont 50 centimes se traitent alors à 95 05, et les primes dont 25 centimes à 95 25. L'écart entre ces primes étant ainsi de 20 centimes, le moment était favorable pour défaire avec avantage l'opération faite le 10 juin.

Durand achète, par conséquent, 30,000 fr. de rentes à 95, — dont 50 centimes, et vend par contre 30,000 à 95 20 dont 25 centimes. Les 10,000 dont 25 centimes achetés en plus le 10 juin, il les vend ferme à 94 75.

Par cette double opération, il a diminué son ferme en cas de baisse de 10,000; et si nous établissions l'échelle d'après notre démonstration, nous pourrions voir que les 20,000 de ferme qui lui restent lui ressortiraient à environ 93 fr. 60.

En cas de hausse, le chiffre de sa rente demeure le même, et il gagne en plus 10 centimes sur les 30,000 francs de rentes, puisque, par l'opération du 10 juin, il a perdu un écart de 10 centimes et qu'il gagne un écart de 20 centimes par l'opération du 12.

A la Bourse du 13 juin, il se produit une légère réaction et l'écart des primes se détend de nouveau. Immédiatement, il rachète au cours de 94 55 les 10,000 fermes qu'il a vendus le 12 à 94 75, il vend 30,000 à 94 75 dont 50 centimes et achète 40,000 à 94 90 dont 25 centimes.

Pour voir sa position clairement, il confectionne à nouveau son échelle suivant les principes établis plus haut.

Les opérations faites depuis le 1er juin se trouvent inscrites ainsi :

DOIT juin	ACHATS	fr.	juin	VENTES	AVOIR fr.
1	30.000 à 94.65	567.900	1	15.000 à 94.50 et pr primes.	1.500
6	10.000 à 94 40 et pr primes	1.000	»	15.000 à 95.» » —	750
»	10.000 à 94.85 —	500	6	20.000 à 94.75	379.000
8	20.000 à 94.50	378.000	8	15.000 à 94.30 et pr primes	1.500
9	10.000 à 94.45 et pr primes	500	»	15.000 à 94.70 —	750
10	40.000 à 94.50 —	2.000	10	30.000 à 94.15 —	3.000
12	30.000 à 94.50 —	3.000	12	30.000 à 94.95 —	1.500
13	10.000 à 94.55	189.100	»	10.000 à 94.75	189.500
»	40.000 à 94.65 et pr primes	2.000	13	30.000 à 94.25 et pr primes	3.000
					580.500
				Différence entre DOIT et AVOIR	563.500
	TOTAL	1.144.000		TOTAL......	1.144.000

La différence entre DOIT et AVOIR représente, comme plus haut, le prix de revient de 30,000 fr. de rentes fermes dont il est acheteur, et qui lui ressortent ainsi à 93.92.

Par les différentes opérations faites du 10 au 13 juin, Durand a réussi à amoindrir le prix de la rente dont il est acheteur, pour le cas de baisse, tout en augmentant ses chances de gain pour le cas de hausse continue, comme nous allons le voir dans l'échelle qui va suivre.

Le prix du ferme établi, il inscrit à la file toutes les primes achetées et vendues, déduction faite du chiffre de la prime, en commençant par la plus basse et finissant par la plus haute.

Vendu...........	30.000	à	94.15	
—	30.000	à	94.25	
—	15.000	à	94.30	
Acheté...........	10.000	à	94.40	
—	10.000	à	94.45	
—	55.000	à	94.50	
				Au cours de 94,50, Durand est acheteur de 70,000 à primes, et vendeur de 15,000. Il n'inscrit donc que la différence, 55,000.
Acheté...........	40.000	à	94.65	
Vendu...........	15.000	à	94.70	
Acheté..........	10.000	à	94.85	
Vendu...........	30.000	à	94.95	
—	15.000	à	95.»»	

Le travail se poursuit maintenant comme nous l'avons expliqué plus haut. Durand, étant acheteur de 30,000 à 93 92, il perdrait, si la Rente venait à baisser au-dessous de ce cours.

			Bénéfice. fr.
A 93.92	il est acheteur de	30.000	Nul
— 93.95	—	30.000	180
— 93.97 1/2	—	30.000	330
— 94.»»	—	30.000	480
— 94.02 1/2	—	30.000	630
— 94.05	—	30.000	780
— 94.07 1/2	—	30.000	930
— 94.10	—	30.000	1.080
— 94.12 1/2	—	30.000	1.230

Au cours de 94,15, ayant vendu 30,000, il est liquidé.

— 94.15	Liquidé.		1.380
— 94.17 1/2	—		1.380
— 94.20	—		1.380
— 94.22 1/2	—		1.380
— 94.25	il est vendeur de	30.000	1.380

A partir de ce cours jusqu'à 94,65, le bénéfice va en diminuant. Il est clair que l'échelle étant devenue meilleure, en cas de grande hausse aussi bien qu'en cas de baisse, elle doit nécessairement moins produire lorsque la Rente reste dans les cours intermédiaires.

— 94.27 1/2	—	30.000	1.230
— 94.30	—	45.000	1.080
— 94.32 1/2	—	45.000	855
— 94.35	—	45.000	630
— 94.37 1/2	—	45.000	405
— 94.40	—	35.000	180
— 94.42 1/2	—	35.000	5

			Perte. fr.
A 94.45	il est vendeur de	25.000	170
— 94.47 1/2	—	25.000	295
— 94.50	il est acheteur de	30.000	420
— 94.52 1/2	—	30.000	270
— 94.55	—	30.000	120
			Bénéfice. fr.
— 94.57 1/2	—	30.000	30
— 94.60	—	30.000	180
— 94.62 1/2	—	30.000	330
— 94.65	—	70.000	480
— 94.67 1/2	—	70.000	830
— 94.70	—	55.000	1.180
— 94.72 1/2	—	55.000	1.455
— 94.75	—	55.000	1.730
— 94.77 1/2	—	55.000	2.005
— 94.80	—	55.000	2.280
— 94.82 1/2	—	55.000	2.555
— 94.85	—	65.000	2.830
— 94.87 1/2	—	65.000	3.155
— 94.90	—	65.000	3.480
— 94.92 1/2	—	65.000	3.805
— 94.95	—	35.000	4.130
— 94.97 1/2	—	35.000	4.305
— 95.»»	—	20.000	4.480

Toute la hausse qui pourra se produire à partir du cours de 95 lui profitera pour les 20,000 qui lui restent. L'échelle n'a qu'un point faible, c'est celui où la réponse des primes se ferait entre 94 40 et 94 50. Afin de se garer contre cette éventualité, Durand profite de la petite hausse qui se produit au commencement de la Bourse du 15 juin pour vendre 10,000 fr.

de rentes à 95 dont 50 centimes; de cette façon, si la réponse s'effectue aux cours de 94 40 à 94 50, il gagnera 1,000 fr. pour ces primes abandonnées, ce qui lui laissera, même dans ce cas, un bénéfice de 600 à 800 fr.

Dans cette bonne position, il attend la fin du mois. Le jour de la réponse, la rente étant à 95 50, il vend encore 10,000 fr. de rentes, ce qui, avec les 10,000 vendus le 15, liquide sa position avec 5,480 fr. de bénéfice.

Par cet exemple, appliqué sur une petite échelle, on peut voir quels résultats proportionnellement importants peuvent produire les opérations de ce genre. Elles ont surtout l'avantage de donner des bénéfices assurés dans les mois de calme plat, c'est-à-dire pendant onze mois sur douze, tandis que les spéculateurs qui négligent de se servir de cet instrument perdent généralement, dans ces mêmes mois, le montant de leurs reports et courtages.

XI

Primes sur diverses valeurs. — Considérations générales sur les courants de la Bourse.

Dans toute cette question de primes que nous avons traitée dans les chapitres précédents, nous ne nous sommes occupés jusqu'ici que des primes sur la Rente française. Nous avons négligé de parler des primes sur diverses valeurs, parce que depuis la disparition des grandes affaires dans les actions de l'ancien Crédit mobilier, le marché à primes sur les autres valeurs n'a qu'une très minime importance. En consultant la cote quotidienne, on voit de temps en temps figurer des primes dont 5 fr. et dont 10 fr. sur les actions des Chemins autrichiens, des lombards et quelquefois, *rara avis*, sur les actions du nouveau Crédit mobilier. L'écart entre le prix du ferme et celui de primes est généralement très peu considérable, et ce n'est que de loin en loin, lorsqu'il paraît se préparer un mouvement sur l'une de ces valeurs, qu'il se tend de façon à pouvoir offrir une rémunération au spéculateur. Nous n'en aurions point parlé si nous n'avions pensé que dans un temps peu éloigné, quand la rente aura dépassé le pair, et par conséquent donnera moins de marge à la spéculation, le public de la Bourse, à la recherche d'un autre objet de spéculation, se rejettera sur les actions d'institutions de crédit, de chemins de fer et d'entreprises industrielles et qu'alors les marchés de primes sur ces valeurs prendront une extension aussi considérable qu'il y a dix ans.

Il n'est pas hors de propos de placer ici une observation caractéristique. A la Bourse, comme dans n'importe quelle branche du commerce, de l'industrie et, en général, de l'activité humaine, gouverne la Mode. A certaines époques, la spéculation tout entière se porte sur une valeur ou sur un genre de valeurs qui alors donnent le ton et traînent à leur remorque toutes les autres. Peu après, et souvent sans raison apparente, la spéculation abandonne les valeurs favorites jusqu'alors et se reporte avec le même engouement sur un terrain tout différent. Ainsi, il y a dix ans, à la Bourse de Paris, elle ne s'occupait que du Crédit mobilier et des valeurs créées par les Pereire. Si le Crédit mobilier baissait, toutes les autres valeurs, qui n'avaient pas le moindre rapport avec lui, baissaient également; s'il montait, c'était une hausse générale sur toute la ligne. Depuis la guerre, la spéculation n'a plus voulu entendre parler des institutions de crédit et s'est portée presque exclusivement sur la Rente française 5 0/0. Dans les derniers temps, et surtout depuis que le 5 0/0 s'est traité aux environs du pair, elle s'est rejetée en masse sur les fonds d'Etat turcs, et selon toutes les apparences, la faveur générale se portera bientôt sur les fonds espagnols. Il est d'ailleurs à prévoir que, lorsque la Rente française aura dépassé le pair de 5 ou 6 0/0 et lorsque les fonds étrangers se capitaliseront à un taux moins usuraire, la spéculation se portera derechef sur les actions de banques et de chemins de fer.

Le spéculateur bien avisé doit toujours chercher à pressentir la Mode, et à la suivre, en ne s'engageant que dans les valeurs qui ont la vogue du moment, et surtout avoir soin de se servir, pour ses affaires, d'une maison qui, par ses relations, est en mesure de lui donner, en temps opportun, les informations et renseignements nécessaires.

Après cette petite digression, revenons à notre sujet. Les primes sur les fonds d'Etat étrangers se désignent et se traitent exactement de la même façon que celles sur les fonds d'Etat français. Sur les actions de chemins de fer et de banques, on traite des primes dont 5, dont 10 et dont

20 francs, ce qui veut dire que l'acheteur de primes paye 5, 10 ou 20 francs par action, dans le cas de résiliation de son marché au moment de la réponse des primes. Lorsque la spéculation se porte sur les actions de banques, les mouvements dans ce genre de valeurs sont beaucoup plus brusques que dans les fonds d'Etat. Les plus fortes alternatives de hausse et de baisse se produisent à la veille des assemblées générales dans lesquelles se fixe le dividende pour l'exercice clos. La spéculation ayant toujours la tendance, d'ailleurs peu justifiée, de capitaliser le rapport d'une seule année, l'expectative d'un dividende de 10 francs supérieur à celui de l'année précédente se traduit souvent par une hausse de 50 à 100 francs. Les canards les plus fantastiques sont ordinairement mis en circulation la veille des assemblées générales; mais le spéculateur prudent, qui veut profiter de ces brusques variations sans s'exposer à être la dupe des assertions mensongères que les gens intéressés répandent à dessein dans le public, fait alors l'opération qui consiste à *se mettre à cheval sur une valeur*, ce qui revient à dire : prendre une position par laquelle on peut profiter d'un grand mouvement de hausse ou d'un grand mouvement de baisse, en n'exposant qu'une somme limitée. Admettons qu'une action de banque, sur le bruit d'un gros dividende, ait monté de 520 à 540 fr. et que les

primes dont 10 francs soient cotées à 550 francs. Les spéculateurs enthousiastes ne parlent de rien moins que d'un cours de 600 francs qui doit se produire incontinent ; les prudents, au contraire, disent que toute cette poussée n'aboutira qu'à faire quelques dupes, à faire vendre quelques milliers d'actions dans les prix élevés, après quoi ces actions retomberont à leurs anciens cours et plus bas encore. Pour se mettre à cheval, il faut alors acheter une certaine quantité, soit 100 actions, à primes dont 10 francs à 550 et vendre la moitié, 50 actions, à 540 ferme. Le maximum de la somme qu'on expose dans cette opération est de 1,000 francs et toute grande hausse profite au spéculateur à partir de 560, ou toute grande baisse à partir de 520. Le lecteur qui aura lu attentivement le chapitre traitant de l'échelle des primes, pourra faire ces calculs facilement, sans plus amples explications.

Toutes les fois qu'un mouvement de quelque importance se produit passagèrement sur une valeur, on trouve des primes à acheter et à vendre, mais en dehors de ces moments, le marché des primes n'étant pas suivi, il est impossible d'y faire une échelle de primes, qu'on ne peut établir que lorsqu'il y a un marché large, où chaque nuance de hausse et de baisse enchaîne de nouvelles offres et demandes.

XII

Coulisse.

Toutes les opérations faites à la Bourse de Paris, avons-nous dit plus haut, doivent l'être par l'intermédiaire des agents de change. Mais aucune disposition légale ne défend aux spéculateurs de la Bourse de faire leurs affaires les uns avec les autres, directement et sans intermédiaire. C'est un droit naturel, et la loi qui le proscrirait serait d'une exécution impossible. Il est tout simple que, pour économiser les frais de courtage, acheteurs et vendeurs se recherchent réciproquement et nouent leurs opérations eux-mêmes. Ces affaires, faites ainsi en dehors du parquet ou, en termes de Bourse, *en coulisse*, ont pris rapidement une grande extension. Ceux qui les pratiquent sont désignés sous le nom de *coulissiers* et leur groupe forme le *marché libre*. Parmi eux, il en est qui ne font que leurs propres affaires, mais la plupart en font aussi pour le compte de tiers, en se faisant payer courtage, tout comme les agents de change. Pour les Rentes françaises, le marché libre a pris un tel développement qu'il domine presque complétement le marché officiel. Il s'y fait les transactions les plus importantes. Il y a également un marché libre pour la plupart des fonds étrangers qui se négocient à la Bourse de Paris, tels que : les Rentes turque, espagnole, péruvienne, et où se traitent aussi toutes les valeurs qui ne sont pas admises à la cote officielle. Ce dernier marché libre, qui se tient sous le péristyle, s'appelle la coulisse des valeurs, pour le distinguer de l'autre marché libre, qui se tient à l'intérieur de la Bourse, près de la Corbeille, et qu'on désigne sous le nom de coulisse de la Rente. Ces deux groupes, bien que non reconnus officiellement, ont néanmoins une organisation des plus solides, qui contribue, dans une large mesure, à la confiance dont ils jouissent auprès du public de la Bourse. La coulisse de la Rente a, depuis une trentaine d'années, un syndic qui dirige et surveille ses liquidations mensuelles. La coulisse des valeurs fait diriger et surveiller ses liquidations par trois commissaires, choisis à tour de rôle parmi ses membres. C'est surtout aux époques des émissions d'emprunts ou de valeurs industrielles que le marché libre joue un rôle considérable, et c'est là que se décide le sort d'une émission, longtemps avant qu'elle ne soit admise à la cote officielle.

A différentes reprises, et surtout sous l'empire, le gouvernement, sur les instances de la Chambre syndicale des agents de change, a cherché à entraver et même à faire disparaître le marché libre; mais tous les efforts tentés dans ce sens sont restés infructueux, et il a été impossible de déraciner une institution qui puise sa raison d'être dans une nécessité absolue. Les agents de change de Paris possèdent un monopole, lequel, comme tous les priviléges, entrave par ses règles fixes l'essor des transactions. Ainsi, le règlement leur prescrit de tenir la Bourse de midi et demi à trois heures, pendant qu'à Londres la Bourse dure jusqu'à cinq heures, et qu'il y a, à Francfort, à Berlin, à Hambourg et à Vienne, des Bourses de soir. Qu'une nouvelle inattendue se produise, par exemple, un samedi à quatre heures : dans toutes les Bourses de l'Europe les spéculateurs pourront faire leurs transactions, excepté à la Bourse de Paris, où ils devront attendre jusqu'au lundi à midi et demi. Pour obvier à cet inconvénient, le marché libre se réunit chaque soir sur les boulevards, où se tient ce qu'on appelle la petite Bourse.

XIII

Courtages.

Le courtage ou droit de commission dû aux agents de change est fixé, pour toutes les opérations au comptant, à 1/8 0/0 du capital effectif, sans que la somme à payer puisse être inférieure à 25 centimes par action de 100 fr. et au-dessous, et à 50 centimes par action de 100 à 400 fr.

Le minimum d'un bordereau de courtage est de 1 fr.

Pour les affaires à terme, les courtages sont fixés ainsi : 50 fr. pour 5,000 fr. de rentes 5 0/0 et 40 fr. pour 3,000 fr. de rentes 3 0/0.

Pour toutes les valeurs qui ne se liquident qu'une fois par mois, 1/8 0/0, et pour les valeurs à liquidations bi-mensuelles, 1 fr. par 1,000. Pour ces dernières valeurs, on compte 50 centimes par action, si les actions sont cotées au-dessous de 500 fr., et 25 centimes si elles sont cotées au-dessous de 100 fr.

Dans la coulisse des valeurs, on compte 50 fr. de courtage par 5,000 fr. de rentes turques, par 600 piastres de la rente espagnole, ou par 6,000 fr. de rente péruvienne. Pour toutes les autres actions ou obligations qui s'y traitent, on paye également 1/8 0/0, avec un minimum fixé à 50 centimes par action.

En cas d'achat d'une valeur et de vente d'une autre valeur effectués le même jour, il est d'usage de ne compter qu'un seul courtage, qui est appliqué à la somme la plus forte; la plus faible jouit de ce qu'on appelle en termes de Bourse un *franco*.

XIV

Arbitrages.

On distingue à la Bourse deux sortes d'arbitrages : les arbitrages de place à place et les arbitrages de portefeuille. Voici en quoi consistent les premiers :

Un spéculateur remarque, par exemple, que la Rente française est cotée à Londres à 25 centimes plus bas qu'à la Bourse de Paris. Il envoie à Londres l'ordre d'acheter une certaine somme de rentes qu'il revend aussitôt à la place de Paris 25 centimes plus cher, en gagnant ainsi la différence. Il arrive souvent que, dans le courant du même mois, la Rente française se trouvant cotée plus haut à Londres, il peut répéter cette opération en vendant cette fois à Londres et en achetant à Paris; alors il liquide ainsi avec bénéfice ses engagements et à Paris et à Londres. Mais il arrive aussi que ces inégalités de prix se maintiennent jusqu'à la liquidation et qu'il faut alors se dégager en levant les titres à Londres pour les livrer à Paris, sortes d'opérations qui ne peuvent être bien exécutées que par de bonnes maisons de banque pouvant se faire de l'argent facilement et au plus juste prix sur leur signature.

On appelle arbitrage de portefeuille l'opération qui consiste à échanger les valeurs qu'on possède contre des valeurs du même genre ou d'un genre différent, soit parce que celles-ci offrent plus de sécurité, soit parce qu'avec autant de sécurité elles donnent un plus grand revenu, ou bien qu'on estime qu'elles ont plus d'avenir. Ce genre d'opérations se base généralement sur la situation de la place. Ainsi, nous voyons entre les obligations de la Ville de Paris de 1869 et celles de 1871 une différence de 30 francs, qui a principalement pour cause que les obligations de 1869 émises avant la guerre sont depuis longtemps entrées dans les portefeuilles, tandis que celles de 1871 ne sont pas encore classées et se trouvent encore en grand nombre dans les mains de quelques institutions de crédit qui profitent de chaque demande pour en écouler une partie. Un capitaliste bien avisé qui possède en portefeuille des obligations de la Ville de Paris de 1869 les échangera donc avec avantage contre celles de 1871 qui, dans quelques années, doivent avoir la même valeur.

Citons encore les bons de liquidation à 5 0/0 qui sont cotés à 480, ce qui correspond au cours de 96 de la rente 5 0/0, tandis que celle-ci est cotée aux environs du pair. Les deux titres devraient avoir absolument la même valeur, et il n'y a entre eux que cette seule différence que le marché sur la rente étant beaucoup plus grand on est toujours sûr de pouvoir s'en défaire, le cas échéant, en quelques minutes. Cette considération n'ayant pas d'importance pour beaucoup de capitalistes, ils font l'arbitrage suivant : Ils vendent, par exemple, 2,500 francs de rentes et pour le même prix ils achèteront des bons de liquidation qui leur rapporteront 2,600 francs.

Ces sortes d'arbitrages se font sur toutes les valeurs, et un capitaliste qui, par une maison de confiance, est tenu au courant de tous les arbitrages avantageux à faire, peut arriver au bout de quelques années à augmenter considérablement son revenu sans courir aucun danger.

XV

Opérations recommandées.

Débuter en petit avec la plus grande prudence est une règle de sagesse vulgaire dans tous les genres d'affaires possibles. Mais c'est surtout sur le terrain mouvant de la Bourse que les premiers pas doivent être faits avec circonspection. Il faut commencer par les opérations les plus simples, présentant le moins de danger, et savoir se contenter de petits gains jusqu'à ce qu'on ait acquis l'habitude des affaires et qu'on se soit bien mis au courant de tous les usages. Au bout de quelques mois, lorsqu'on a réalisé quelques profits et qu'on s'est complétement initié, on peut passer à des opérations un peu plus productives et pour lesquelles il faut déjà savoir juger et apprécier les causes qui doivent produire de grands mouvements de Bourse. Ce n'est qu'après avoir travaillé modestement pendant un an et avoir recueilli les bénéfices qui sont toujours le fruit des opérations faites dans la mesure de ses forces qu'on peut se permettre d'aborder les grandes affaires et notamment l'échelle des primes.

Nous offrirons volontiers les conseils de notre expérience à ceux qui, après ce stage nécessaire, se décideront à élargir le cercle de leur activité. Pour le moment, nous nous bornons à indiquer une opération qui est à la portée de ceux-là même qui n'auraient fait que parcourir cet opuscule, qui ne fait courir aucun autre danger que celui qui est inhérent à la possession des titres mobiliers en général, partant un danger à peu près nul, et qui fait rapporter au capital engagé un intérêt de 36 0/0 par an. Cette opération consiste à acheter de la rente ferme et à la vendre pour la fin du mois à prime dont 1 franc. L'écart moyen entre le prix de la rente ferme et celui de la rente à prime dont 1 franc est, déduction faite du courtage, 0 15 au minimum. Pour être acheteur de 5,000 francs de rentes, en présence de la tendance qu'ont nos rentes à élever graduellement leur cours, il suffit d'une couverture de 5,000 francs pour être à l'abri de toutes les éventualités qui peuvent se produire. Or, un bénéfice de 0 15 sur ce chiffre de rentes fait 150 francs par mois, 1,800 francs par an, ce qui équivaut à un intérêt de 36 0/0 sur le capital de 5,000 francs engagé. En faisant cette opération, on a son bénéfice assuré quelle que soit la hausse qui se produise, et également si la rente baisse dans le courant du mois de moins de 1 franc. L'expérience des derniers temps nous montre que même les crises ministérielles et gouvernementales n'ont causé que des baisses insignifiantes, qui invariablement ont été suivies d'une véritable explosion de hausse. Nous sommes donc fondés à nommer cette opération le type de l'opération sûre et prudente.

Après quelques bénéfices réalisés, nous recommandons de procéder de la manière suivante : acheter 5,000 francs de rentes ferme et en vendre la moitié à prime dont 1 franc, et l'autre moitié à prime dont 50 centimes. On augmente de cette façon considérablement son bénéfice, mais on n'est plus couvert que contre une baisse de 0 75.

Nous répétons qu'après une année passée à faire des affaires circonscrites à de telles proportions, on peut hardiment se lancer dans les opérations du genre de celles qui sont relatées dans le *Journal d'un Spéculateur*. Au surplus, la manière d'engager et de poursuivre les affaires de Bourse est surtout une question de tempérament. Les uns se contenteront de l'opération mentionnée plus haut, qui donne déjà des résultats assez satisfaisants ; les autres, plus ardents, plus résolus ou ayant plus de foi dans leur étoile, se sentiront la force d'opérer en grand dans les combinaisons de l'échelle des primes.

XVI

Conseils aux Spéculateurs.

Le premier conseil à donner à quelqu'un qui veut s'occuper d'affaires de Bourse est de ne s'engager que dans la mesure de ses forces, c'est-à-dire de ne pas entreprendre des opérations sur une échelle tellement grande qu'un brusque mouvement des cours produit par quelque événement politique inattendu puisse entamer sérieusement sa position de fortune. En agissant ainsi, on conserve son sang-froid et on n'est pas sujet à ces paniques qui, surtout à la Bourse, troublent les gens inexpérimentés et les mettent à la merci de ces spéculateurs calmes qui profitent de ces moments pour acheter tout ce qui s'offre à vil prix. Un axiome de la Bourse dit que « sur les valeurs sérieuses tous les cours se revoient. » Lorsque le spéculateur qui s'est engagé prudemment sur de bonnes valeurs se trouve en perte à la liquidation, il n'a qu'à attendre tranquillement, ou, comme cela se dit, à rester sur sa position, pour voir revenir les cours qui le dédommageront et au-delà de la dépréciation momentanée. D'ailleurs, les grands mouvements de Bourse sont l'exception. Généralement et pendant de longs mois, on peut réaliser des bénéfices raisonnables en opérant dans la mesure de ses forces ; et ce n'est qu'après s'être formé un fonds de réserve par des gains accumulés qu'on doit essayer des opérations sur une plus grande échelle.

Les personnes qui vivent en province, loin du tumulte de la Bourse, sont moins sujettes à se laisser influencer par les alternatives de hausse et de baisse qui se produisent presque continuellement, et ce sont elles qui encaissent le plus régulièrement des bénéfices, tandis que ceux qui fréquentent journellement la Bourse se laissent souvent intimider par les faux bruits qu'on fait circuler à dessein, par les clameurs, les offres violentes et feintes au moyen desquelles les spéculateurs intéressés à produire un mouvement de baisse cherchent à peser sur le cours.

Une chose capitale pour le nouveau spéculateur est le choix de la maison à laquelle il doit confier l'exécution de ses affaires. Il faut surtout se défier de ces maisons qui, par toutes sortes d'annonces et de réclames, s'offrent à tout faire gratuitement. Quel intérêt aurait une maison sérieuse, qui a investi un capital considérable dans ses affaires, à encaisser tous les coupons pour rien, à donner toutes sortes de renseignements financiers, qui, en cas d'indiscrétion, pourraient lui susciter des inimitiés sérieuses, au premier venu qui s'adresserait à elle par lettre, à faire par-dessus le marché les recouvrements et l'exécution des ordres de Bourse sans commission ? Il est évident que, rien dans ce monde ne pouvant se faire pour rien, ces maisons ne poursuivent d'autre but que d'amener le public à leur confier de l'argent et des valeurs qui leur servent à faire des opérations pour leur propre compte, dont ils touchent tous les bénéfices en cas de réussite, en exposant leurs clients à d'amers déboires en cas d'insuccès. On doit avant tout s'assurer de la solidité de la maison avec laquelle on veut entrer en relations. Mais, en évitant soigneusement celles qui ne présentent pas assez de surface, il faut se garder de tomber dans la faute contraire et de s'adresser à une maison trop importante. Car ces dernières, qui ont déjà un très grand nombre de clients, n'ont ni le loisir ni la volonté de faire en quelque sorte un apprentissage au nouveau venu, et il leur manque matériellement le temps de tenir chacun de leurs clients exactement au courant de toutes les nouvelles financières qui peuvent les intéresser. Pour les affaires au comptant, les intermédiaires naturels sont les agents de change, mais leur règlement et les usages établis leur interdisent de donner des avis à leurs clients. Ce ne sont donc pas les intermédiaires qui conviennent le mieux à quelqu'un qui est encore peu expérimenté.

L'auteur de ce petit ouvrage se met très volontiers à la disposition de ses lecteurs pour renseignements sur cet objet, comme aussi pour tous autres renseignements financiers qu'ils auront à lui demander *par lettre*.

Voir, à ce sujet, l'annonce de la troisième page de la couverture.

TABLE DES MATIÈRES

BIBLIOTHÈQUE NATIONALE R.F. IMPRIMÉS

Paris. — Imp. Nouv., 11, rue des Jeûneurs. — G. Masquin et Cie

AVIS

Pour tous renseignements financiers, tant sur la valeur véritable de toutes actions et obligations cotées ou non cotées à la Bourse de Paris, que sur les institutions de crédits et maisons de banques particulières, s'adresser à l'Auteur,

M. P. JOURNOUD

12, *Rue d'Orsel, à Paris*

par lettre affranchie, en joignant 1 fr. en timbres-poste pour la réponse.

Les renseignements, puisés aux meilleurs sources, seront donnés sans retard et avec la plus entière impartialité.

Paris. — Imp. Nouv. (assoc. ouv.), 14, rue des Jeûneurs. — G. Masquin et Cie

www.ingramcontent.com/pod-product-compliance
Ingram Content Group UK Ltd.
Pitfield, Milton Keynes, MK11 3LW, UK
UKHW022123260726
13993UKWH00003B/1200